CAMINHOS
& INSPIRAÇÕES
EDITORA EME

Solicite nosso catálogo completo, com mais de 350 títulos, onde você encontra as melhores opções do bom livro espírita: literatura infantojuvenil, contos, obras biográficas e de autoajuda, mensagens espirituais, romances, estudos doutrinários, obras básicas de Allan Kardec, e mais os esclarecedores cursos e estudos para aplicação no centro espírita – iniciação, mediunidade, reuniões mediúnicas, oratória, desobsessão, fluidos e passes.

E caso não encontre os nossos livros na livraria de sua preferência, solicite o endereço de nosso distribuidor mais próximo de você.

Edição e distribuição

EDITORA EME

Caixa Postal 1820 – CEP 13360-000 – Capivari-SP
Telefones: (19) 3491-7000 | 3491-5449
Vivo (19) 99983-2575 | Claro (19) 99317-2800 | Tim (19) 98335-4094
vendas@editoraeme.com.br – www.editoraeme.com.br

Nanci Maziero

Caminhos & Inspirações

Capivari
- 2016 -

1ª edição – setembro/2016 – 3.000 exemplares

Capa | André Stenico
Fotos e projeto gráfico | Nanci Maziero Trevisan
Diagramação e tratamento de imagem | Marco Melo

Ficha Catalográfica

Maziero Trevisan, Nanci, 1967
Caminhos e inspirações / Nanci Maziero Trevisan – 1ª ed. set. 2016 – Capivari, SP : Editora EME.
56 p.

ISBN 978-85-66805-88-8

1. Autoajuda 2. Conduta de vida 3. Felicidade 4. Meditação 5 . Otimismo
6. Paz de espírito
I. TÍTULO

CDD 159

A luz de Deus se derrama
sobre os corações
na seara do bem.
Caminhemos
unidos em Cristo,
transformando nossas vidas
em construção útil e
benfazeja.

Abra os caminhos
através da oração,
aquela oração
construída com as
mãos que se alçam ao
trabalho.
A labuta diária feita
com amor e dedicação
carrega em si o
sentido da oração.

A harmonia é uma
constante na vida daqueles
que se esforçam no bem.
Jesus não pede a perfeição
imediata,
mas a perseverança
na seara do bem.
O Universo caminha em
mutação constante e assim
também são os seres que
nele habitam.

O rio da vida flui
incessantemente,
mesmo que os homens
queiram pará-lo.
A sabedoria está em
deixar fluir interna e
externamente, focando na
viagem e não no destino final.

Os caminhos do labirinto interior são longos e exigem perseverança. A coragem para olhar para si mesmo é necessária para a evolução do ser e do mundo.
Não há evolução no mundo exterior sem evolução no mundo interior, e este caminho, deve-se trilhar sozinho.

Não se perca em passos
trôpegos questionando o que
ainda não entende. Antes
ore e labore em busca de si
mesmo e de seus caminhos.
O caminho é um só:
compreender e transformar a
si mesmo
transformará o mundo.

Fé = pensamento + ação.
Trilhar os caminhos da fé
também requer aprendizado.
Fé é tomar seu destino com suas
mãos, fazendo o que é necessário
para alcançar seus objetivos,
certo de que o que é para o seu
bem lhe será proporcionado
na medida da sua dedicação.

O trabalho é uma constante no Universo, nada na natureza é ocioso. Mesmo no silêncio da formação rochosa o tempo exerce seu trabalho de transformação.

Mais que compreender
há que se executar a cada instante,
em vigília e oração, as nossas ações.
Evite a palavra impensada,
freie na boca o pensamento não
edificante, guarde o silêncio da
dúvida dentro de si.

Observe, observe, observe e ore.
Deixe de precipitar-se em
ações e aprenda o
recolhimento sábio e preventivo.
Busque o equilíbrio sempre
em suas atitudes.
O caminho é longo, mas tem sido
preparado, e o que foi abençoado
por Deus há de se cumprir,
se o instrumento (que é o ser
humano, livre e consciente)
se permitir.

Busque em seu coração a fé. Busque respostas dentro de si e confie. Amparado você está nos caminhos da fé, que se lhe descortinam, como amparados estão os filhos de Deus. Confie no melhor.

Abra seu coração para as mudanças da vida.
Desligue-se de sentimentos do passado e renove seu coração com sentimentos mais positivos.
O caminho que você busca está à sua espera.

O medo se constitui de amarras do passado e laços não desfeitos. Confie na vida que cuida de cada um. Esqueça o que passou, porque assim deixa de acorrentar-se ao medo.

Olhe os caminhos que pisa
para certificar-se de que nada
ficou esmagado sob seus pés.
Caminhar com os olhos
no alto é providencial, mas
carece observar os pés que se
arrastam na terra.
Onde você caminha?

O primeiro passo é sempre o mais difícil. Sair da inércia requer energia proporcional à meta almejada.

O equilíbrio é necessário
ao exercício do bem.
Arregimente recursos para
obtê-lo, pois o ganho é eterno.

Conhecer a verdade requer o burilamento da própria personalidade, não porque a verdade só seja revelada a iniciados, mas porque é a elevação da alma acima dos distúrbios do mundo que permite ao ser vislumbrar o céu límpido e a luz divina.

Abra seu coração à luz divina que invade seu ser neste dia.
Abençoados os amigos que se acercam de você no suporte necessário ao exercício do trabalho cristão.
Creia em si e na sua força. Creia que recebe o suporte de que precisa, e se fortaleça na oração.
Estão os bons sempre ao seu lado vibrando pela sua vitória, por amor a Deus e às criaturas humanas. Paz e bem!

Não queira apagar de dentro de
si as mágoas, sejam quais forem
os motivos; antes, substitua o
sentimento (é um exercício,
e você pode tentar).
Substitua o ressentimento pela
compreensão e aceitação.
Substitua o orgulho ferido pelo
perdão. Substitua a inveja pelo
trabalho e pela reforma íntima.
Ao cabo de um tempo, perceberá
que os sentimentos negativos
transmutar-se-ão.

Não há mágica, há disciplina e perseverança no autoaperfeiçoamento. E o outro? Ocupe-se mais de si mesmo e deixe que cada um siga seu próprio caminho, cada um tem seu próprio tempo e a reconciliação chegará em tempo para todos os seres do Universo, porque essa é a vontade de Deus.

Cada passo é relevante na senda da evolução.
Firmeza, determinação, fé, caminhar constante e certo, irão levar você adiante e, quando menos esperar, a transformação se opera.
Persevere, ore, sirva constantemente.

A luz que se propaga dos corações de bem devassa a escuridão e marca um caminho de fé, mas seguir esse caminho é escolha de cada um.

Somos todos humanos a caminho da evolução.
Divino é o Pai, criador de todas as coisas, de onde partimos e para onde voltaremos como espíritos de luz.
Cada ser, cada criatura tem seu quinhão de participação, auxílio e responsabilidade. Somos colaboradores na construção de um mundo melhor.

A fé é como planta pequena e frágil que regamos todos os dias; ela cresce e se torna uma árvore forte e capaz de suportar as intempéries. Para que a fé cresça e frutifique há que se cultivá-la todos os dias com amor, carinho e oração.

Ondas de transformação se
aproximam, força e coragem são
necessárias, a fé em Deus e nas forças
do bem darão a sustentação necessária
a um novo tempo. Entregue-se à
transformação de si mesmo
sem medo, vá ao encontro da sua
perfeição, do seu verdadeiro eu.
É para isso que você está aqui.

Abra-se para o novo
que lhe procura a
cada instante. A vida
é uma transformação
constante, um rio que
não pode ser represado.
Um passo, um passo de
cada vez, e a vitória virá
certa e brilhante para
aquele que persevera no
caminho do bem.

Pedras no caminho podem ser boas ou más. Se as usar para jogar em outrem, ferirão e serão más. Se as usar para construir uma casa, serão boas. E ainda podem ser afastadas e ladear o caminho para aqueles que vierem depois de você não machucarem os pés. A escolha é sua. Escolha bem.

O medo é instinto de sobrevivência do homem – está em sua natureza primitiva. No indivíduo, indica arestas a serem aparadas e, sobretudo, fé a ser construída e consolidada.

O homem de fé crê no bem e na espiritualidade sempre, porque sabe que o Pai faz sempre o melhor para Seus filhos, e nisso crê com todo o seu coração.

A luz que brilha em seus corações e em suas orações será seu guia nos tempos vindouros. Fortaleça a fé, a determinação e a coragem.
A cada segundo, imprima o amor e a presença de Deus em suas escolhas.
Não há melhor guia e conselheiro que a certeza de um porvir proporcional aos seus esforços e escolhas.

Hoje, a luz divina ilumina meu caminho e eu vejo o que deve ser feito. Hoje, essa luz traz calma, paz, clareza e discernimento. Hoje, melhoro minhas escolhas porque é essa luz que me guia. Hoje, só hoje, vou acreditar que tudo é paz, harmonia; que tudo é certo e perfeito, porque é construído pelas mãos divinas e pela força de Deus em mim.

Os passos trôpegos da criança que aprende a andar são naturais. Os passos lentos na velhice são naturais. Entre um passo e outro, a sabedoria trazida pelo tempo. Viver a vida em cada etapa. A eternidade é o seu tempo, a vida não tem pressa, a vida segue seu curso em seu tempo e hora.

Seja paz, seja luz a cada instante.

A renovação só faz sentido de dentro para fora. Busque a si mesmo, o seu melhor, o seu Eu superior, e trilhe o caminho. Chegar a ser luz é o caminho de todos os filhos do Pai.

Não abandone a oportunidade abençoada de transformação, é no cadinho do seu coração que o mundo se transforma. Tenha coragem de mudar, por mínimo que seja. A eternidade não tem pressa e a evolução é o seu destino concreto. Siga em frente reformando a si mesmo; só assim o mundo seguirá o mesmo caminho e um dia será um lugar melhor para se viver.

Caminhos diversos podem nos levar a destinos diversos. Qual escolher? Que caminho tomar? Silêncio, prece e recolhimento: formas seguras de ouvir o coração e ter fé. A vida trará as respostas de que necessita.

Observe, ouça, sinta.

Os caminhos se abrem cheios de desafios, porque assim é que deve ser. Sua fortaleza reside dentro de si e na firmeza de propósito baseado no Bem. Caminhe perseverante tendo os ensinamentos de Jesus como guia seguro e perene. Paz e bem!

Clara é a luz que se expande a partir de um coração amoroso; ilumina todos ao seu redor, leva alegria e conforto. A conexão no bem é a luz que não se apaga no cerne da escuridão diária. Brilhe essa sua luz interior, que juntos acenderemos um clarão que, um dia, expulsará da Terra as trevas e o mal.

O mal não existe, é antes a ignorância
das leis eternas do amor.
Deus é amor; levante, olhe o céu e
tudo ao seu redor. Expulse de dentro
de si as trevas da ignorância, aprenda
a transformar-se em chama benfazeja
de amor e luz.

A estrada longa que se estende diante de você é sombreada por árvores e ladeada por riachos. Esta é a mão de Deus lhe guiando e trazendo a cada instante aquilo de que necessita para caminhar.

Confie e agradeça com sua força na fraternidade e com seu caminhar reto.

A luz que se busca nasce de um pequeno brilho no coração. Acenda a cada dia a pequena chama de amor; por mais pequena que seja, quando esta luz transparece nos gestos e no olhar, é fagulha suficiente para incendiar outros corações.

Adoce seu coração com as gotas diárias de oração. O pensamento no bem e as vibrações positivas transformam coisas e sentimentos como nada no universo material seria capaz de fazer.

São pedras que pavimentam o caminho; sem elas, pisaria em lama e sujeira. Não escarneça delas, não ignore, não reclame, antes aceite-as como instrumento da transformação necessária ao bem. Antes sinta gratidão por cada uma que contribui para a sua própria evolução.

Abra seu coração ao bem todos os dias, emane alegria, sorria, cumprimente, espalhe bons sentimentos. A atmosfera que você cria com isso lhe fortalece e ampara. Siga em paz a cada instante.

Inspire-se a si mesmo a cada dia. Não espere que venha de fora todo o amor que você deseja, antes, ame a si, dê a si atenção, carinho, amor. Assim, o vaso cheio de luz pode irradiar por onde transitar. Assim era Jesus: levava consigo todo o amor pelas criaturas.

Anjos são mensageiros de Deus que lhe guardam e guiam.
Bendiga a Deus a bênção desses companheiros devotados que lhe acompanham. Agradeça sua dedicação com o coração pleno de gratidão e ouvido atento aos seus conselhos.
Deus ampara cada um de Seus filhos a todo instante.

Ame extensa e profundamente. Não se incomode com o mundo. Pavimente dentro de si uma estrada bela, florida, mesmo que o entorno não seja assim. Lembre-se: o mundo reflete aquilo que você é.

Caminhemos assim como somos, seres em transformação constante. A cada segundo algo muda no Universo, no mundo, em cada ser.
A transformação é constante, embora pareça lenta e imperceptível.
Tenha fé. Deus acompanha tudo e de tudo Ele cuida com Seu amor de Pai.
Siga com trabalho e fé.

Tudo parece sem sentido? Tudo parece não ter solução, não caminhar? Juntos, tantos esforçam-se a cada instante, a cada dia, para transformar o coração endurecido dos homens... Precisamos da prece como força propulsora dessa transformação. Oração sincera que nasce dos corações inflados de amor ao próximo, a si mesmo e a Deus.

Não se culpe pelos erros passados, antes construa um presente de amor e determinação na correção de si mesmo. Se entender, bem! Se não, você um dia entenderá melhor a si mesmo e será capaz de compreender suas próprias escolhas. Compreendendo, escolherá melhor. Eis aí o lema: determine-se a escolher melhor a cada dia.

Queira bem a todas as criaturas e
não rejeite as oportunidades do bem.
Caminhe firme com seus próprios
passos. Cada ser tem seu tempo e seu
universo particular, e é na interação
desses tempos e espaços
que a vida se constrói.

Aberta se encontra a porta da redenção e do perdão a todos que nela batem. O bálsamo que dela usufruímos alivia o coração e traz leveza à vida. Nem todos que dela se aproximam têm a coragem de adentrar. Venha, entre, tenha firmeza e alivie seus pensamentos em primeiro lugar.

Os dias se contam em bênçãos e
não em horas.
A bênção de abrir os olhos
toda manhã para esta vida.
A bênção do alimento,
do sol e da água.
A bênção do amor e dos seres
companheiros nesta passagem.
A bênção do trabalho e do
descanso merecido.
Conte seus dias em bênçãos,
não em horas, que são ilusórias e
efêmeras.

A autora
(por ela mesma):

Nunca sei como começar uma biografia,
Amiga, esposa, mãe, professora, são tantos os papéis!
Na vida profissional, publicitária e professora,
Carece dizer ainda: madrasta, filha, irmã, nora e cunhada;
Integro a Escola de Aprendizes do Evangelho no CEFI Ipiranga, como aluna;

Mas, melhor que isso, sou eu mesma!
Adoro natureza, gente e cachorros;
Zelo por aqueles que amo, até a lua;
Inteligente (dizia minha avó!) e adoro viver;
Espírita, escritora, estudante e, sobretudo, aprendiz, sempre!
Rir eu adoro e acredito no ser humano e na Força Criadora!
Os caminhos da vida procuro percorrer com amor!